GW01271867

Les Lectures ELI présentent une
gamme complète de publications
allant des histoires contemporaines
et captivantes aux émotions
éternelles des grands classiques. Elles
s'adressent aux lecteurs de tout âge
et sont divisées en trois collections :
Lectures ELI Poussins, Lectures ELI
Juniors, Lectures ELI Seniors. En
dehors de la qualité éditoriale, les
Lectures ELI fournissent un support
didactique facile à gérer et capturent
l'attention des lecteurs avec des
illustrations ayant un fort impact
artistique et visuel.

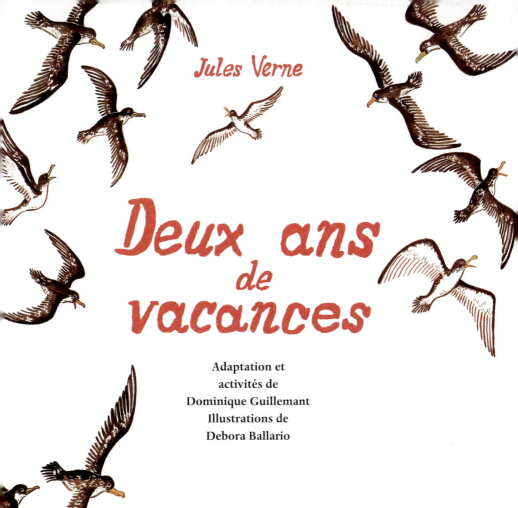

Jules Verne

Deux ans de vacances

Adaptation et
activités de
Dominique Guillemant
Illustrations de
Debora Ballario

Lectures ELI Juniors

PIERRE
BORDAS
ET FILS

Jules Verne
Deux ans de vacances
Adaptation et activités de Dominique Guillemant
Illustrations de Debora Ballario

Lectures ELI
Création de la collection et coordination éditoriale
Paola Accattoli, Grazia Ancillani, Daniele Garbuglia (Directeur artistique)

Conception graphique
Airone Comunicazione – Sergio Elisei

Mise en page
Airone Comunicazione

Responsable de production
Francesco Capitano

Crédits photographiques
Shutterstock

© 2016 ELI S.r.l.
B.P. 6 - 62019 Recanati - Italie
Tél. +39 071 750701
Fax +39 071 977851
info@elionline.com
www.elionline.com

Fonte utilisée 13 / 18 points Monotype Dante

Achevé d'imprimer en Italie par Tecnostampa Recanati
ERT 243.01
ISBN 978-88-536-1873-3

Première édition Février 2016

www.eligradedreaders.com

Sommaire

Les parties de l'histoire enregistrées sur le CD sont signalées par les symboles qui suivent :

Début ▶ **Fin** ■

Moke

Service

Briant   Gordon   Doniphan
et Phann

Buxter

Garnett

Webb

Wilcox

Cross

Walston et Evans

Jenkins

Jaques

Iverson

Costar

Dole

Vocabulaire

1 **Observe le dessin et écris les parties du navire.**

la chaloupe • le pont • la cabine • l'ancre • le quai

1 ....

2 ....

3 ....

4 ....

5 ....

2 L'histoire se passe au large de deux îles découvertes par Cook dans l'océan Pacifique. Pour connaître le nom de cette île trouve 5 membres de l'équipage d'un navire et associe les lettres restantes.

NOUCAPITAINEVELMASTERLEZMATELOTELAMOUSSENDCUISINIERE

La _ _ _ _ _ _ _ - _ _ _ _ _ _

3 Que va-t-il arriver aux personnages des pages 6 e 7 ? Complète les phrases puis associe les lettres entourées pour le découvrir.

Le c u i s i n i e r prépare à manger pour tout l'équipage.

1 Les passagers passent la nuit dans leur _ □ _ _ _ _ .

2 Pour baptiser un navire, on lance une bouteille de champagne contre sa _ _ _ □ _ .

3 L'_ _ _ □ _ permet de fixer le navire au quai.

4 Le _ □ _ _ _ _ est un sous-officier qui agit au nom du capitaine.

5 Pour diriger le navire il faut manœuvrer le □ _ _ _ _ _ _ _ _ _ .

6 Le _ _ _ _ _ □ est un apprenti marin.

Ils vont tous faire N _ _ F _ _ _ _ .

Production écrite

4 Parmi tous les moyens de transport qui existent, quel est celui que tu préfères et pourquoi ?

Chapitre 1

Le naufrage

▶ 2 9 mars 1860. Il fait nuit et sur l'océan Pacifique en bourrasque, un yacht essaie de résister à la fureur des lames⋆. Il est onze heures du soir et trois jeunes garçons de quatorze à douze ans sont à la roue du gouvernail⋆ du Sloughi. Les autres enfants se trouvent dans les cabines. Après une forte secousse, deux petites têtes apparaissent avec un chien :

– Tout va bien ! leur crie Briant. Redescendez tout de suite. N'ayez pas peur, il n'y a pas de danger.

À bord, il y a quinze enfants en comptant le mousse⋆ Moko. Pas un homme à bord. Pas un capitaine. Gordon, Briant et Doniphan, aidés de Moko, essaient de contrôler le Sloughi au beau milieu d'une tempête violente. Le grand mât⋆ est brisé⋆ et seule une petite voile à l'avant permet au navire de ne pas chavirer⋆ et couler à pic. Vers une heure du matin on entend la dernière voile se déchirer. Briant et Moko tentent de la récupérer car seule cette voile

lames grosses vagues
gouvernail dispositif qui permet de diriger un bateau
mousse jeune marin

mât
brisé cassé
chavirer se renverser

leur permet de garder le cap* mais une heure plus tard la voile* les abandonne. Ils s'attachent, sinon le vent va les emporter. Vers quatre heures et demie, Moko aperçoit quelques lueurs et crie :

– Terre ! Terre ! En moins d'une heure nous arriverons sur la côte.

Briant fait donc remonter tout le monde sur le pont, le chien suivi d'une dizaine d'enfants. Une lame transporte tout à coup le Sloughi près des rochers.

– N'ayez pas peur, dit Briant. Le yacht est solide ! Attendons pour gagner* la côte.

– Et pourquoi attendre ? demande Doniphan.

– Oui, pourquoi ? insiste Wilcox. Doniphan a raison !

– La mer est encore trop violente, répond Briant, nous risquons de nous écraser sur les rochers. Quand la marée va baisser nous allons pouvoir nous occuper du sauvetage.

Doniphan, Wilcox, Webb et Cross ne sont pas d'accord mais voyant l'écume* et la force du courant ils doivent se rendre à l'évidence.

cap direction
voile

gagner ici, atteindre
écume mousse à la surface de la mer

– Ne nous séparons pas sinon nous sommes perdus ! crie Briant.

– Tu prétends nous faire la loi ? s'écrie Doniphan.

– Non, c'est pour le salut de tous, répond Briant.

– C'est vrai ! réplique Gordon, un garçon froid et sérieux qui ne parle qu'après avoir réfléchi.

La marée se retire peu à peu, il faut s'organiser. Il est environ sept heures. Les enfants rassemblent les objets de première nécessité et des provisions : des conserves, des biscuits, des viandes. Entre temps Briant et Gordon observent la mer, comment faire ? Soudain, Baxter fait une découverte importante : la barque du Sloughi, que l'on croyait perdue, est encore attachée à la coque* par des cordages*. Mais elle ne peut transporter que cinq ou six personnes. Briant propose de construire un radeau* et de l'attacher à un rocher avec une corde. Il se jette à l'eau sous les yeux apeurés de son frère Jacques. Il nage vers la côte, visiblement épuisé, quand devant lui se forme une sorte de tourbillon.

coque
cordages

radeau embarcation fabriquée avec des planches

– Tirez ! Tirez ! crie Briant avant de disparaître dans le centre du tourbillon.

En moins d'une minute il se retrouve sur le pont. Il est plus de midi quand une montagne d'eau soulève le yacht et l'entraîne par-dessus les rochers. Tout va bien, la coque* est intacte. Le Sloughi se retrouve ainsi sur la plage, à deux pas des arbres qui sont au pied de la falaise. Il reste là, immobile, sur la terre ferme.

Mais que s'est-il passé ? Pourquoi ces enfants se sont-ils retrouvés seuls à bord du Sloughi ? En fait, ils proviennent de la pension Chairman de la ville d'Auckland, capitale de la Nouvelle-Zélande. Le 15 février 1860, tous les élèves ont quitté le pensionnat pour les grandes vacances : deux mois de liberté !

Pour l'occasion, l'ancien capitaine M. William Garnett, le père de l'un d'eux, a accepté de louer son yacht pour un voyage en mer. Nos quinze jeunes garçons, y compris le mousse, se sont donc embarqués sans savoir qu'ils allaient se retrouver dans de terribles aventures.

coque carcasse du bateau

Briant et Jacques sont Français, Gordon est Américain, les autres sont tous d'origine anglaise. Les cousins Doniphan et Cross ont treize ans. Le premier est distingué, intelligent et studieux mais a aussi un caractère dominant. Voilà d'où vient cette rivalité avec Briant. Le second est un élève assez ordinaire plein d'admiration pour son cousin.

Baxter, âgé de treize ans, est un garçon froid, réfléchi, travailleur et très adroit de ses mains. Webb et Wilcox ont douze ans et demi et proviennent d'une famille très riche. Garnett et son ami Service sont deux amis inséparables. Ils ont bon cœur mais n'aiment pas trop travailler.

Enfin il y a Jenkins et Iverson (neuf ans), Dole (huit ans et demi) et Costar (huit ans).

Gordon, quatorze ans, a un grand sens pratique. C'est un observateur, une personne méthodique qui range ses idées dans son cerveau comme les objets dans son pupitre. Ses camarades l'estiment pour ses qualités. Orphelin, il vit avec son tuteur.

Briant et Jacques sont les fils d'un ingénieur. Briant est intelligent mais peu travailleur, il est souvent le dernier de sa classe. Par contre, il est entreprenant, adroit dans les exercices physiques et serviable. Son frère est le plus espiègle* de tout le pensionnat, il aime jouer des tours à ses camarades ! Et pourtant, son caractère va changer…

Le père de Garnett, un maître, six matelots*, un cuisinier et le mousse Moko font partie de l'équipage. Phan, le chien de Gordon, les accompagne.

Le Sloughi est amarré* loin du port. Le 14 au soir, l'équipage laisse les enfants endormis à bord pour aller boire un dernier verre au cabaret du port. Seul le mousse reste à bord, un jeune nègre de douze ans.

On ne sait pourquoi, mais l'amarre se détache et le yacht fuit vers la haute mer. Quand le mousse se réveille, il est déjà trop tard. Gordon, Briant et Doniphan entendent les cris de Moko et se précipitent sur le pont. Le Sloughi est en dérive !

Soudain, un bateau à vapeur se dirige tout droit vers eux. La collision démolit une petite partie du Sloughi. Emportés par le vent, ces garçons se croient perdus.

Quelques jours après, la tempête se lève… ◼

espiègle malicieux
matelots marins

amarré attaché

Compréhension

1 **Vrai ou faux ? Coche la bonne réponse.**

	V	F
L'histoire se passe en 1860.	☑	☐
1 Il y a 15 enfants à bord, plus le mousse Moko.	☐	☐
2 Quand on aperçoit la côte, Gordon les fait tous monter sur le pont.	☐	☐
3 Le Sloughi risque de s'écraser sur les rochers.	☐	☐
4 Pour organiser le sauvetage il faut attendre la marée basse.	☐	☐
5 Briant disparaît dans le centre d'un tourbillon.	☐	☐
6 Une montagne d'eau soulève le Sloughi jusqu'à la plage.	☐	☐

2 **Complète les phrases avec les sujets manquants.**

> Phan • Garnett • Cross • Briant • Moko •
> Jacques • ~~Les enfants~~ • Doniphan • Gordon

Les enfants .... se retrouvent seuls à bord du Sloughi.

1 .... et .... sont Français et fils d'un ingénieur.

2 .... est orphelin et vit avec son tuteur.

3 .... accompagne son maître Gordon.

4 .... est le seul membre de l'équipage resté à bord.

5 Le père de .... a loué son yacht pour un voyage en mer.

6 .... et .... sont deux cousins de 13 ans.

Vocabulaire

3 **Associe correctement.**

1 C Chavirer
2 ☐ Couler à pic
3 ☐ Garder le cap
4 ☐ Gagner la côte
5 ☐ Amarrer
6 ☐ Se noyer

A Atteindre le littoral
B Attacher un navire
C Se retourner
D Ne pas rester à la surface
E Maintenir la direction
F Mourir par immersion

Activité de pré-lecture

Vocabulaire

4 **Dans le prochain chapitre Briant, Doniphan, Wilcox et Service vont faire une grande découverte. Trouve dans la grille 25 adjectifs et complète la phrase avec les lettres restantes.**

B	E	A	U	P	V	A	S	T	E	M	I	S
A	R	I	D	E	G	R	A	N	D	A	M	O
G	R	O	S	T	S	G	R	O	O	L	M	L
T	E	S	P	I	E	G	L	E	M	A	O	I
O	F	O	R	T	R	F	R	O	I	D	B	D
R	S	T	U	D	I	E	U	X	N	E	I	E
P	A	L	E	S	E	R	V	I	A	B	L	E
H	G	I	N	Q	U	I	E	T	N	T	E	E
E	E	N	A	U	X	F	R	U	T	I	L	E
L	R	E	F	L	E	C	H	I	P	R	E	T
I	N	S	E	P	A	R	A	B	L	E	A	G
N	E	O	B	S	E	R	V	A	T	E	U	R

Ils vont découvrir une _ _ _ _ _ _ qui a été habitée par un _ _ _ _ _ _ _ _ français.

19

Chapitre 2

La grande exploration

▶ 3 Une fois à terre, les enfants se demandent :
île ou continent ? Pour le savoir, il faut partir à
la découverte ! Briant et Gordon s'enfoncent
parmi les arbres et arrivent au pied de la falaise.
Impossible de grimper au sommet pour observer
le pays. Revenus à bord, Moko et Service préparent
le repas. Tous mangent avec appétit, sauf Jacques
devenu taciturne⋆.

Le lendemain matin, les garçons font l'inventaire :
des vêtements, des outils, des allumettes⋆, de la
nourriture… de quoi durer deux mois.

Webb, Iverson, Service et Moko vont récolter
des mollusques pendant que les grands continuent
l'inventaire : un jeu de voiles, des ustensiles de pêche,
des armes en tout genre. Enfin, un petit canot en
caoutchouc plié dans une valise. Dans le coffre-fort,
ils trouvent cinq cents livres en or et dans la cale, des
tonneaux d'alcool et des flacons de liqueurs.

taciturne qui parle peu

allumettes tiges en bois pour
allumer un feu

Vers midi, les petits reviennent avec leurs coquillages que Moko prépare pour le dîner. Le lendemain matin, Briant se déclare prêt à aller en reconnaissance.

– Dommage, fait-il, il n'y a pas de haute colline d'où observer le territoire. Au-delà de la falaise peut-être qu'il y a des forêts, des marécages*. Il vaut mieux arriver jusqu'au promontoire pour voir au loin. J'offre d'y aller…

À cause de la brume et de la pluie, l'excursion est reportée. Cinq jours après, le 16 mars, le beau temps revient et Briant part à l'aube dans l'espoir d'atteindre le promontoire avant la marée haute. Mais le sol est difficile, il doit retirer bottes et chaussettes pour traverser de profondes flaques. Exténué*, affamé, Briant s'assied sur une roche pour se reposer. Arrivé sur le promontoire, il voit une ligne bleue à l'horizon : la mer ! Ils sont donc sur une île ! Rentré au Sloughi, il informe ses camarades.

– Peut-être que Briant se trompe, dit Doniphan. Ce sont des nuages, pas la mer !

– Non, j'en suis sûr ! réplique Briant.

marécages terrains imprégnés d'eau   **exténué** très fatigué

– Demain, intervient Gordon, s'il fait beau nous ferons une excursion de plusieurs jours. Qui veut venir ?

– Moi ! crient Wilcox, Service et Doniphan.

Mais pendant quinze jours il pleut du matin au soir. Les jeunes sont confinés à bord du yacht qu'ils doivent régulièrement réparer à cause de la force des bourrasques.

Le 1er avril, le vent faiblit et le beau temps revient. Tout est prêt et vers sept heures du matin les quatre garçons traversent le bois et gagnent le pied de la falaise accompagnés de Phann. Service trouve une gorge creusée dans la falaise, un cône renversé que les jeunes remontent avec agilité. Doniphan arrive en premier sur la crête de la falaise, bien content d'avoir devancé* Briant. Il observe le panorama avec sa lunette*.

– Eh bien, demande Wilcox, tu ne vois rien ?

– Absolument rien ! répond Doniphan, pas la moindre ligne bleue !

– C'est normal, intervient Briant, la falaise est moins élevée que le promontoire.

---

devancé être arrivé avant

lunette instrument pour observer l'horizon

Ils redescendent la falaise du côté opposé pour traverser la forêt. Les bras et les jambes se fatiguent et ils décident de se reposer un peu au bord d'un rio. Pour le franchir*, ils posent les pieds sur des pierres plates placées avec assez de symétrie. Comment est-ce possible ? Qui a bien pu les disposer ainsi ? Et ce rio, se jette-t-il dans cette mer que Briant a aperçue du haut du promontoire ?

Dans l'après-midi ils abandonnent les berges du rio et reprennent la route vers l'est. Seule leur tête dépasse des hautes herbes. Il commence à faire noir et ils décident de passer la nuit à l'abri des arbres.

À leur réveil, ils marchent encore deux heures vers l'est, traversent une forêt au-delà de laquelle s'étend une grande plage… Doniphan se tait. Difficile d'admettre que Briant avait raison : ils sont bien sur une île et il faut renoncer à tout espoir de s'en sortir. Personne ne peut les secourir !

Après le déjeuner, ils se remettent en route pour rejoindre les autres au Sloughi mais Phann se met à courir vers la plage.

franchir dépasser

– Phann ! Ici Phann ! crie Service au chien qui court droit vers l'eau et commence à boire.

– Il boit ! s'écrie Doniphan. C'est donc de l'eau douce ! Ce n'est pas une mer, c'est un lac ! Donc nous ne sommes pas sur une île !

Ils retardent leur retour d'un jour ou deux pour explorer et marchent vers le sud jusqu'au soir. Le lendemain, ils suivent le cours d'un rio pour savoir où les eaux du lac se déversent dans son lit. Là, ils remarquent des pierres entassées qui forment une espèce de digue. Phann sent quelque chose et les garçons le suivent ; ils se retrouvent devant un arbre où sont gravées deux lettres et une date : *F B 1807*.

Briant, Doniphan, Wilcox et Service restent immobiles devant cette inscription. Mais Phann se met à aboyer.

– Attention ! dit Briant. Ne nous séparons pas et restons sur nos gardes.

Les fusils et les revolvers sont chargés. Phann les conduit devant un amas* d'arbustes à la base de la falaise. Briant écarte les branches et aperçoit

amas tas

25

une ouverture. Il fait une torche avec une branche et se glisse à l'intérieur suivi de ses camarades.

En entrant, Wilcox heurte un petit escabeau de bois, placé à côté d'une table. Dans un coin, il y a une espèce de lit recouvert d'une vieille couverture. Il n'y a personne. Ils redescendent donc vers la berge et là, au milieu des racines, un squelette !

Le malheureux qui a vécu dans cette grotte a dû faire naufrage sur l'île. Mais qui est-il ? D'où vient-il ? Les garçons retournent donc dans la grotte pour trouver des indices.

Briant fait un minutieux inventaire des objets. À vrai dire, bien peu de chose ! Moins favorisé que les survivants du Sloughi, il n'avait que quelques outils. À côté du lit, Wilcox découvre une montre accrochée à un clou dans la pierre.

– Mais cette montre porte peut-être un nom, dit Doniphan.

– Tu as raison, dit Briant. Voyons… *Delpeuch, Saint Malo*… mais c'était un Français !

Sur le sol, Doniphan trouve un cahier dont les pages jaunies sont couvertes de lignes tracées au crayon, presque illisibles. Ils arrivent cependant à déchiffrer un nom : *François Baudoin*. Les initiales correspondent à celles gravées sur l'arbre. Ce cahier est en fait le journal quotidien de sa vie, depuis le jour où il a fait naufrage sur cette île ! Son navire s'appelait le Duguay-Trouin. D'après les dates, les jeunes gens comprennent que la date gravée sur l'arbre est celle du naufrage : cet homme a donc passé cinquante-trois ans sur l'île, sans recevoir aucun secours !

La situation est grave et une carte pliée dans les pages du cahier le confirme : ils reconnaissent la baie, les rochers, la plage, le lac, la falaise, le rio… et trois îlots au large. Donc Briant avait bien raison, c'est une île et voilà pourquoi François Baudoin n'a jamais pu en sortir !

Comme la caverne offre un excellent refuge, les garçons décident d'aller chercher les autres et d'y apporter tout le matériel qui se trouve à bord du Sloughi. Mais avant, ils enterrent le naufragé français pour lui rendre les derniers hommages. ◼

DELF – Compréhension orale

1 **Réécoute le chapitre et coche les bonnes réponses.**

Briant et Gordon partent à la découverte et arrivent
☑ *au pied* ☐ *au sommet* de la falaise.

1 Du promontoire, Briant affirme voir ☐ *des nuages*
☐ *la mer* à l'horizon.

2 Pendant l'expédition du 1ᵉʳ avril, les enfants découvrent
qu'ils sont sur ☐ *une île* ☐ *un continent*.

3 ☐ *Doniphan* ☐ *Phan* boit l'eau du lac et découvre qu'elle
est ☐ *salée* ☐ *douce*.

4 Ils trouvent deux lettres et une date sur ☐ *un arbre*
☐ *des pages jaunies*.

5 Les jeunes trouvent un squelette ☐ *sur les berges du lac*
☐ *dans une caverne*.

6 Le naufragé français s'appelle ☐ *Duguay Trouin* ☐ *Baudoin*.

Vocabulaire

2 **Complète les phrases avec les mots manquants en
t'aidant seulement de la première lettre.**

D'après l'**i**nventaire, ils ont de la **n**ourriture pour deux mois.

1 Briant enlève ses **b**.................. et ses **c**.................. pour marcher
dans les flaques d'eau.

2 Pour arriver sur la **c**.................. de la falaise, il faut remonter
la **g**.................. avec agilité.

3 Les pierres entassées sur le rio forment une espèce de
d.................. .

4 Une **t**.................. formée de branches sert à illuminer la
caverne du **n**.................. français.

5 Les garçons rendent les derniers **h**............... à François Baudoin.

Grammaire

3 **Conjugue les verbes au présent de l'indicatif.**

Sur la carte, tu _reconnais_ (reconnaître) les parties de l'île.

1 Nous .... (descendre) tous dans la cabine du Sloughi.

2 Ils .... (atteindre) la plage à la nage.

3 Les enfants .... (franchir) le rio sur des pierres.

4 Nous .... (construire) un radeau pour descendre le rio.

5 Briant .... (devoir) aller sur le promontoire.

6 Vous .... (faire) une excursion en forêt.

7 La bourrasque .... (démolir) les mâts du Sloughi.

8 J' .... (apercevoir) une ligne bleue à l'horizon.

9 Sur la carte jaunie, tu .... (reconnaître) les parties de l'île.

10 Moko .... (offrir) des coquillages pour le déjeuner.

Activité de pré-lecture

Vocabulaire

4 **Dans le prochain chapitre nos naufragés vont faire des découvertes importantes pour leur survie. Essaie d'associer correctement.**

1 ☐ Trulca   **a** une sorte de chameau

2 ☐ Pernettia   **b** un fruit

3 ☐ Vigogne   **c** une sorte de chèvre

4 ☐ Guanaque   **d** un arbre à thé

Chapitre 3

La colonie s'installe

▶ 4 Briant, Doniphan, Wilcox et Service peuvent finalement raconter à leurs compagnons ce qu'ils ont découvert et leur montrer la carte.

– Nous devons vite emménager dans la caverne*, dit Briant.

– C'est urgent, ajoute Gordon. Le Sloughi ne va pas résister longtemps aux bourrasques.

Après avoir dressé une tente entre les arbres, les enfants déchargent du bateau tout ce qui est possible mais l'hiver approche, il faut faire vite. Le 25 avril, un orage violent détruit le Sloughi et ils récupèrent les débris* pour aménager la caverne qu'ils ont appelée French Den en l'honneur du naufragé français.

Pour transporter tout le matériel, ils construisent un radeau pour naviguer sur le rio et arriver plus facilement à French Den. Le 3 mai, le radeau est prêt mais avant de partir Gordon

caverne grotte   débris restes

propose de hisser* un pavillon* sur la falaise pour attirer l'attention d'éventuels bateaux. Le lendemain, au lever du soleil, le grand départ.

Arrivés en vue du lac, ils accostent sur la berge du rio, devant la porte de la caverne. Les plus jeunes courent partout, seul Jacques reste à l'écart.

– Tu me caches quelque chose ? lui demande Briant inquiet. Tu es malade ?

– Non, je n'ai rien, répond Jacques.

Ils entrent tous dans la caverne et y transportent les couchettes du Sloughi pour la nuit. Ils mettent la table du yacht au milieu et des chaises tout autour. Après le repas, ils vont rendre visite à la tombe de François Baudoin et à neuf heures tout le monde est couché.

Le lendemain, le 9 mai, ils déchargent complètement le radeau. On décide d'organiser la vie quotidienne en donnant à chacun des occupations précises… y compris continuer les leçons commencées à la pension Chairman ! Avec l'arrivée de l'hiver il vaut mieux étudier vu qu'ils ont aussi des livres.

hisser dresser   **pavillon**

Les jours suivants, ils explorent les alentours pour trouver une autre ouverture car la caverne est trop petite pour eux tous. Ne trouvant rien, ils décident d'agrandir French Den armés de pioches*. C'est ainsi qu'ils trouvent une autre caverne, beaucoup plus profonde qu'ils appellent le hall.

Ils y transportent tout le matériel. Le hall se transforme en dortoir* et en salle de travail et la première caverne en cuisine et en réfectoire : Store Room. Il a fallu quinze jours pour tout arranger et le froid arrive vite. Le vent soulève les eaux du lac.

Le soir du 10 juin, après le souper, les jeunes choisissent des noms pour les principaux lieux de l'île : la Sloughi Bay (lieu du naufrage), le Family Lake (en souvenir de leurs familles), Auckland Hill (la falaise), False Sea (le promontoire).....et la pelouse devant la caverne devient Sport Terrace. Enfin, pour rappeler que leur installation est provisoire, ils décident de former une colonie sur l'île Chairman, le nom de leur pension.

– Mes amis, dit Briant, maintenant il nous faut un chef !

pioches outils pour creuser dans la terre

dortoir grande pièce commune pour la nuit

– Et qui ? demande Doniphan d'un ton anxieux ne voulant pas de Briant comme chef.

– Le plus sage de tous, répond Briant, Gordon !

Et voilà comment Gordon devient le chef de la petite colonie. Il élabore un programme qui est approuvé et qui s'inspire aux principes de l'éducation anglaise : les plus grands enseigneront les maths, la géographie et l'histoire aux plus jeunes, deux fois par semaine il y aura une conférence sans oublier les exercices physiques. C'est de cette façon que le corps devient solide et l'âme aussi. Baxter s'offre de tenir un journal et Moko de faire la lessive.

De fin juin au 16 août, impossible de sortir à cause de la neige, puis de la pluie et des basses températures... et donc de chasser ou pêcher. On ne peut compter que sur les provisions du yacht. Tout le monde souffre du manque d'exercice et les enfants sont pâles* mais tous sont en bonne santé. Le 10 septembre, cela fait six mois qu'ils ont fait naufrage.

À la mi-octobre, avec le retour de la belle saison, il est finalement permis de quitter French

pâles sans couleurs

Den pendant des journées entières et d'organiser une nouvelle exploration.

Le 5 novembre Gordon, Doniphan, Baxter, Wilcox, Webb, Cross, Service et Phann se dirigent vers le nord du Family Lake. Ils emportent le canot en caoutchouc qui leur est très utile quand ils arrivent devant Stop River, un cours d'eau qui leur barre la route. Phann le traverse à la nage. De l'autre côté, une plaine aride s'étend vers le nord. Ils n'y trouvent que des dunes de sable et des oiseaux de mer. Le désert est si vaste qu'on n'en voit pas la fin. Pour rentrer ils optent pour un autre chemin : ils longent la falaise jusqu'à la forêt. Là ils font des découvertes importantes.

– Voilà le trulca, dit Gordon, les indiens utilisent ce fruit pour faire de la liqueur. Essayons d'en faire nous aussi car notre provision de brandy finira un jour. Regardez ! Le pernettia ! C'est un arbre à thé ! Nous allons pouvoir venir en récolter pour l'hiver.

Baxter chasse au lasso. Il entrevoit des vigognes, des espèces de chèvres, sous les arbres et réussit à en capturer une avec son lasso. Ses deux petits chevreaux la suivent. Ces bêtes leur donneront du lait !

Soudain, on entend un coup de fusil, Doniphan vient de voir un gros animal, un guanaque qui va pouvoir tirer le charriot que Gordon a construit pendant l'hiver. Voilà pourquoi Baxter le capture avec son lasso. Ils vont peut-être réussir à dompter cette espèce de chameau et à le monter comme on monte à cheval.

Cette excursion au nord du Family Lake a vraiment été profitable à la colonie de French Den. Briant, Garnett et les autres accueillent avec de joyeux hourras le retour des explorateurs. ⬛

Compréhension

1 **Réponds aux questions suivantes dans ton cahier.**

  1 Comment les enfants appellent-ils la caverne et pourquoi ?
  2 Que vont-ils faire pour que tout le monde ait de la place dans la caverne ?
  3 Comment la vie va-t-elle s'organiser dans la colonie ?

Vocabulaire

2 **Lis les définitions et complète la grille.**

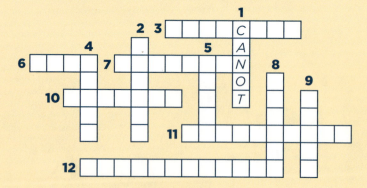

1 Il est en caoutchouc.
2 Il sert à transporter du matériel.
3 Les enfants n'en font pas assez.
4 On la dresse entre deux arbres.
5 L'arme utilisée par Baxter pour chasser.
6 Les vigognes vont en donner.

7 On le hisse sur la falaise.
8 Ce qui reste du Sloughi après l'orage.
9 Elles sont en sable dans la plaine aride.
10 Ils utilisent le trulca pour faire de la liqueur.
11 Deux fois par semaine il y en aura une.
12 Ils sont accueillis à leur retour.

DELF – Production écrite

3 Imagine que tu te retrouves sur une île déserte avec un(e) ami(e) de cœur. Qu'est-ce que tu emportes avec toi et pourquoi ? Comment organisez-vous votre vie de naufragé(e)s ?

Grammaire

4 **Complète les phrases avec les adjectifs possessifs.**

Nous naviguons sur ....*notre*.... yacht.

1 Le Sloughi a un problème : .... mât est brisé et .... voile déchirée.

2 Les enfants rassemblent .... provisions sur le pont.

3 Du haut de .... promontoire, Briant voit une ligne bleue à l'horizon.

4 Je me suis assis sur .... roche pour me reposer un peu.

5 Le naufragé français a gravé .... initiales sur un arbre.

6 Les enfants ! Vous devez penser à .... éducation.

Activité de pré-lecture

Vocabulaire

5 **Trouve 12 matières scolaires dans le serpentin et associe les lettres restantes pour savoir ce qui va déclencher une dispute dans la colonie.**

Chapitre 4

Le désaccord des colons de l'île Chairman

▶ 5 Briant est de plus en plus inquiet pour Jacques et il le presse de questions sans obtenir de réponses.

— Tu ne veux pas parler Jacques ? Qu'as-tu à te reprocher ? lui demande Briant.

— J'ai fait une chose que toi tu me pardonneras… mais pas les autres ! répond Jacques. Plus tard tu sauras, plus tard !

La vie à Den French continue. On construit un abri pour les animaux avant l'arrivée de l'hiver, un abri qui accueille bientôt un second guanaque et un couple de vigognes. On chasse, on pêche…

Le 15 décembre, tout le monde part pour une nouvelle expédition : la chasse aux phoques sur la plage de Sloughi bay. Le massacre ne dure que quelques minutes. Les phoques sont coupés en morceaux et bouillis* pour en faire sortir une huile claire qui va leur permettre de s'éclairer.

bouillis cuits dans l'eau

À Noël, Moko prépare un festin et chacun met ses plus beaux habits. La journée est bien remplie et sous le signe de la joie. Dans huit jours, ils vont fêter l'arrivée de l'année 1861. Cela fait presque dix mois qu'ils ont fait naufrage et une nouvelle exploration s'impose pour connaître l'est de l'île de Chairman.

Le 4 février, Briant, Jacques et Moko descendent le rio à bord de la barque du Sloughi. Ils se retrouvent dans une baie profonde bordée de rochers mais la déception est grande : pas une île à l'horizon. On décide donc de la baptiser la Deception bay. Tout à coup, Moko aperçoit une tache blanchâtre, immobile, vers le nord-est. Qu'est-ce que cela peut bien être ?

Moko est en train de cueillir des fruits quand il entend des gémissements* et des éclats de voix. Il s'approche et voit Jacques aux genoux de Briant qui lui demande grâce.

– Comment, c'est toi qui as fait cela ? demande Briant. Voilà pourquoi tu as peur d'eux ! Il ne faut rien dire à personne ! Jamais !

gémissements plaintes

– Pardon Briant ! supplie Jacques.

Moko a entendu toute la conversation et quand il se retrouve seul avec Briant il essaie de le réconforter.

– Monsieur Briant, il faut lui pardonner. Moi je me tairai, dit Moko.

– Ah ! Mon pauvre Moko ! murmure Briant. Mais les autres ? Est-ce qu'ils vont lui pardonner ?

Le retour à French Den se fait sans problème et le mois de févier s'écoule* en faisant des travaux, en chassant, en faisant un stock de bois pour l'hiver mais aussi en faisant de la gymnastique et en jouant au cricket, un sport que l'on pratique avec des battes* en bois et une balle.

Le 25 avril, on organise une partie et deux équipes s'affrontent : Doniphan, Webb, Wilcox et Cross d'un côté et Briant, Baxter, Garnett et Service de l'autre. L'équipe de Doniphan perd la partie et accuse Briant d'avoir triché*.

– Mais je n'ai pas triché ! pâlit Briant.

– Si ! s'exclame Doniphan. Tu n'as pas mis tes pieds sur la ligne où ils devaient être.

s'écoule passe
battes bâtons qui servent aussi à jouer au baseball

triché n'a pas été honnête

– Menteur ! réplique Briant. Voilà l'empreinte de mes chaussures sur le sable !

Accusé de menteur, Doniphan remonte ses manches, prêt à se battre. La lutte est sur le point de commencer quand Gordon intervient.

– Doniphan ! C'est toi qui as commencé ! accuse Gordon. Tu es un mauvais garçon. Dans la situation où nous sommes tu nous pousses à la désunion* ! Briant, rentre à French Den et toi Doniphan va passer ta colère où tu veux !

Les premières neiges arrivent, personne ne fait plus allusion à cet épisode mais il règne une certaine agitation : le 10 juin, on vote pour élire le nouveau chef... Briant est élu et Doniphan est visiblement mécontent de voir son rival à la tête de la colonie.

Un jour, pour distraire ses camarades, Briant propose de patiner sur le Family lake et Baxter fabrique des espèces de patins.

– Je vais vous donner le signal de départ, dit Briant. Ne vous éloignez pas trop. Gordon et moi nous vous attendons ici. Quand je donnerai le signal avec mon cornet*, vous reviendrez tout de suite !

désunion contraire de union   **cornet** espèce de petite trompette

Mais Doniphan et Cross désobéissent et le brouillard se lève. En quelques minutes le lac disparaît complètement. Jacques part à leur recherche. Personne ne revient. On décide donc de tirer un coup de canon toutes les dix minutes pour leur indiquer le chemin. Finalement Doniphan et Cross apparaissent mais Jacques n'est pas avec eux. La nuit va bientôt envelopper l'île et Briant est inquiet.

– Je vois un point qui se déplace, dit tout à coup Gordon. C'est Jacques ! Mais il n'est pas seul !

– Deux ours ! crie Doniphan en s'élançant sur le lac avec un fusil.

Tout se termine bien grâce à Doniphan qui tue les deux ours mais une fois rentrés à French Den, Briant lui fait remarquer qu'à cause de sa désobéissance Jacques a risqué sa vie. Briant le remercie tout de même d'avoir secouru son frère en tuant les deux ours.

– Je n'ai fait que mon devoir, répond froidement Doniphan en refusant de serrer la main que Briant lui tend.

Six semaines après, le printemps revient. Les rapports sont tendus et Doniphan, Cross, Webb et Wilcox décident de quitter leurs camarades.

– Vous êtes libres de partir et d'emporter votre part d'objets et de provisions, dit Briant.

– J'espère que vous ne vous repentirez pas de votre geste, ajoute Gordon.

Le 10 octobre, les quatre décident donc de partir et d'aller s'installer sur l'autre littoral de l'île et d'atteindre Deception bay. Un voyage long et difficile. Arrivés à destination après quatre jours de marche, ils s'installent pour camper.

Le 14 octobre, malgré le très mauvais temps, ils partent explorer la baie. Soudain, Wilcox s'arrête net. Il montre à ses camarades une masse noirâtre sur la plage. C'est un bateau couché sur son flanc★. Pas loin, il y a deux corps sur le sable, des cadavres peut-être. Sans réfléchir les quatre garçons s'élancent sur la plage au milieu de la bourrasque. Quelle tempête ! Pris d'épouvante★, ils courent se cacher sous les arbres où ils passent la nuit… mais impossible de fermer l'œil !

flanc côté   épouvante grande peur

Le lendemain matin, ils retournent sur la plage pour enterrer les deux naufragés mais les corps ont disparu. La mer a dû les emporter.

À l'arrière du bateau ils découvrent deux inscriptions : Severn – San Francisco. Il s'agit donc d'un bateau américain.

Pendant ce temps, à French Den, on décide de fabriquer le Géant des airs, un cerf-volant qu'ils placeront sur la falaise : peut-être qu'un bateau le verra et viendra les libérer. Le 17 octobre, au moment de livrer le Géant des airs à la brise*, Phann s'élance dans la forêt en aboyant très fort.

Briant et Gordon le suivent. Ils aperçoivent une forme humaine au pied d'un arbre. Une femme, de quarante à quarante-cinq ans, épuisée de fatigue et de faim vient de perdre connaissance. Les garçons la raniment avec quelques gouttes de liqueur et un biscuit qu'elle dévore.

– Merci… merci mes enfants… merci ! dit la femme en anglais.

Une demi-heure plus tard la femme est à French Den, mais qui est-elle ? ●

brise vent léger

47

Compréhension

1 Trouve la seconde moitié de chaque phrase.

1 *g* Briant est de plus en plus inquiet pour Jacques...
2 ☐ Moko entend la confession que Jacques fait à Briant...
3 ☐ Les colons font des travaux et jouent au cricket...
4 ☐ Doniphan accuse Briant d'avoir triché parce qu'...
5 ☐ Gordon met un terme au désaccord et accuse...
6 ☐ Briant est élu le nouveau chef et propose...
7 ☐ Jacques part à la recherche de Doniphan et Cross...
8 ☐ Doniphan, Cross, Webb et Wilcox décident d'aller...

a il n'a pas mis ses pieds où il fallait et les empreintes le prouvent.
b s'installer sur l'autre littoral de l'île.
c d'aller faire du patin sur le lac gelé.
d mais il promet de ne rien dire à personne.
e Doniphan de pousser les colons à la désunion.
f qui se sont éloignés mais deux ours le poursuivent.
g qui dit avoir fait une chose que les autres ne lui pardonneront pas.
h que l'on pratique avec des battes en bois et une balle.

Grammaire

2 Transforme ce court résumé au passé composé dans ton cahier.

Doniphan, Cross, Webb et Wilcox prennent des provisions et quittent la colonie. Ils décident de s'installer de l'autre côté de l'île et Briant les laisse partir. Le voyage est long et difficile et il faut quatre jours de marche pour arriver à destination. Quand ils arrivent sur la plage, ils voient un bateau couché dans le sable. Ils y trouvent deux naufragés qui disparaissent dans la nuit. À l'arrière du bateau ils découvrent le nom du bateau : le Severn.

3 Conjugue les verbes entre parenthèses au passé composé. Attention aux pronoms personnels réfléchis et aux accords possibles !

Ils (s'enfoncer) ..... *se sont enfoncés* .... dans les arbres.

1 Nous (se disputer) .... pour une banale partie de cricket.

2 Les chèvres (se mettre) .... en route pour French Den.

3 Tu (s'embarquer) .... sur le Sloughi pour les grandes vacances.

4 Vous (se séparer) .... de vos camarades pour un désaccord.

5 Je (se rendre) .... à l'évidence : nous (se perdre) .... !

6 Le canot (se détacher) .... de la berge et (s'écraser) .... sur les rochers.

Activité de pré-lecture

Vocabulaire

4 Cherche 17 mots de la nature dans la grille. Les lettres restantes te disent ce que les enfants vont faire dans le prochain chapitre.

L	A	M	E	S	F	S	A	B	L	E
M	A	R	E	C	A	G	E	C	R	E
L	E	E	F	G	L	A	C	I	E	R
I	V	C	O	R	A	G	I	E	A	D
T	O	U	R	B	I	L	L	O	N	E
T	L	M	E	N	S	A	E	D	T	S
O	C	E	T	D	E	C	E	U	S	E
R	A	A	C	O	L	L	I	N	E	R
A	N	R	O	C	H	E	R	E	I	T
L	A	R	C	H	I	P	E	L	R	S

Ils vont _ _ _ _ _ le _ _ _ _ _ _ _ _ _ _ _ _.

49

Chapitre 5

Les naufragés du Severn

▶ 6 Cette femme est américaine et s'appelle Kate. Elle travaillait pour Mr et Mrs Penfield avec qui elle venait de s'embarquer sur le Severn avec les huit hommes de l'équipage. Dans la nuit du sept au 8 octobre, les hommes se sont révoltés contre le capitaine qu'ils ont tué ainsi qu'un marin et Mr et Mrs Penfield. Seuls Kate et Evans, le master* du Severn, ont été épargnés.

Quelques jours après, à cause d'un incendie, ils ont abandonné le navire à bord de la chaloupe avec quelques provisions et des armes. Mais une violente tempête s'est levée et la chaloupe a fait naufrage dans la nuit du 15 au 16. Deux hommes sont tombés d'un côté de la chaloupe, Kate de l'autre côté. Quand elle a repris connaissance elle a entendu Waltson, Brandt et Rock venus récupérer leurs compagnons Forbes et Pike évanouis sur le sable. Pensant que Kate s'était noyée, ils ont pris tout ce qu'il y avait dans

master maître d'équipage chargé
de la conduite d'un bateau sous
l'autorité du capitaine

la chaloupe et se sont éloignés. Kate s'est relevée et est arrivée là où nos jeunes colons l'ont retrouvée. Briant pense alors à Doniphan, Wilcox, Webb et Cross qui se trouvent là-bas et qui ne savent rien.

Il faut les avertir, dit Briant. Je vais aller les chercher avec Moko. Partons dès ce soir.

Quand ils arrivent, Briant saute à terre avec son couteau et son revolver à la main. Ils se glisse sous les arbres et entend les cris de Doniphan, agressé par un jaguar. Briant se précipite sur le fauve pour libérer son camarade et tue l'animal.

– Suivez-moi dit Briant aux quatre garçons. Des malfaiteurs sont sur l'île, nous ne sommes plus en sécurité. Je suis venu vous chercher.

– Briant, merci de m'avoir sauvé ! Désormais je serai le premier à t'obéir.

Avec quelle joie Gordon et les autres accueillent leurs compagnons ! La colonie est donc au complet et doit se protéger des attaques de sept malfaiteurs. Jusqu'aux premiers jours de novembre, aucune trace suspecte mais Briant veut savoir où Waltson a établi son campement. Pour le faire, les enfants transforment leur cerf-volant en une espèce de machine volante avec des mécanismes et une nacelle* trouvés sur le Sloughi. Mais qui va monter dedans ?

– Moi ! dit vivement Jacques. Je dois le faire !

– Comment cela ? demande Doniphan.

– Jacques ! Ne dis rien ! fait Briant.

– Non ! Laisse-moi avouer ! répond Jacques. Si vous êtes ici, loin de vos parents, c'est à cause de moi. Je voulais faire une plaisanterie et j'ai détaché le Sloughi du quai d'Auckland. Pardon mes camarades, pardon !

– Maintenant je comprends pourquoi tu t'es lancé à notre recherche sur le lac gelé. Mon ami, nous te pardonnons !

Tous entourent Jacques pour lui serrer la main. À la fin, c'est Briant qui monte dans la nacelle et en dix secondes le Géant des airs disparaît dans la nuit. Il observe l'horizon avec sa lunette et voit du feu. Non, cette lueur est trop lointaine. Est-ce un volcan ? Soudain il aperçoit une autre lueur, à l'ouest du Family Lake : Waltson est bien là avec sa bande, tout près de French Den !

nacelle panier qui transporte les passagers d'une montgolfière

Briant donne le signal pour redescendre mais la corde du cerf-volant casse et le garçon se retrouve dans le lac. Bon nageur, il rejoint ses camarades mais le cerf-volant et la nacelle ont disparu dans la nature.

La situation est inquiétante. Le 24 novembre, Briant et Gordon vont faire un tour de reconnaissance quand Briant met le pied sur un objet : une pipe ! Donc la bande se rapproche de plus en plus ! Les enfants se barricadent dans French Den et observent ce qui se passe dehors grâce aux petites fenêtres creusées dans la pierre.

Le soir du 29 novembre, Phann est agité. Aucun bruit dehors. Soudain, une détonation ! Une voix crie du dehors :

– À moi ! À moi !

– C'est Evans, le master du Severn, s'écrie Kate. Ouvrez-lui !

On ouvre la porte et Evans entre, étonné de voir des enfants et heureux de retrouver Kate qu'il croyait morte dans le naufrage. Après avoir mangé et changé ses vêtements mouillés, Evans raconte son aventure.

– Pendant le naufrage, nous nous sommes retrouvés à six sur les rochers. Puis nous avons vu la chaloupe renversée sur la plage. Forbes et Pike étaient évanouis sur le sable.

– Nous les avons vus ! dit Doniphan, mais le lendemain ils n'étaient plus là.

– Parce que nous les avons réanimés et nous avons suivi la côte dans la direction de l'est. Une heure après, nous avons installé notre campement. Le matin suivant nous sommes retournés voir la chaloupe pour essayer de la réparer. Impossible sans outils !

– Mais, ces outils, nous les avons ! répond Doniphan.

– Et Waltson le sait ! explique Evans.

– Et comment avez-vous découvert French Den ? demande Baxter.

– Dans la nuit du 23 au 24 novembre nous avons vu une lueur à travers la falaise. Waltson s'est caché dans les hautes herbes pour vous observer.

– C'est là que nous avons trouvé sa pipe ! dit Briant.

– Après, j'ai surpris une conversation entre Waltson et Brandt qui se préparent à attaquer French Den.

– Les monstres ! crie Kate. Contre des enfants !

– Oui Kate, répond Evans. J'ai profité de l'absence de Waltson pour me sauver. Il était environ dix heures du matin quand je me suis lancé dans la forêt. Mais Forbes et Rock s'en sont aperçus et se sont mis à ma poursuite. Ils m'ont tiré dessus et je me suis jeté dans le rio. Ils pensent donc que je suis mort. Maintenant mes garçons, nous devons en finir avec ces misérables et débarrasser votre île.

Les enfants lui racontent à leur tour les vingt mois passés dans l'île après le naufrage du Sloughi. Pas un seul bateau aperçu au large.

– Pourquoi ces hommes sont-ils si misérables ? dit Gordon. La lutte nous attend, nous devons défendre notre vie.

– Comptez sur moi les enfants, rassure Evans, je vous promets que nous nous défendrons bien !

– Pourquoi ne pas entrer en pourparlers★ avec eux ? demande Gordon.

pourparlers discussions pour se mettre d'accord

– S'entendre avec eux, c'est se livrer, répond Evans. Ils voudront vos outils, vos munitions, vos provisions… et ils les prendront par la force si vous refusez de les leur donner. Écoutez, si nous nous débarrassons de Waltson et de ses hommes, nous pourrons réparer la chaloupe et quitter l'île.

– Pour regagner la Nouvelle-Zélande, pour traverser le Pacifique ? ajoute Doniphan.

– Le Pacifique ? Non mes garçons, dit Evans, du sud de l'île nous pouvons atteindre les larges terres qui s'étendent à l'est.

– Oui…à l'est ! s'écrie Briant. Cette tache blanchâtre, puis la lueur que j'ai vue dans cette direction…

Cela doit être un glacier* et un volcan. Vous êtes sur une île qui appartient à un archipel de l'Amérique du Sud.

Là-dessus, tous allèrent se reposer. Prêts à défendre French Den. ■

glacier iceberg

Compréhension

1 **De qui parle-t-on ? Complète avec les noms proposés.**

> ~~Kate~~ • Forbes • Evans • Jacques • Moko •
> Waltson • Pike • Doniphan • Briant (2x)

On la ranime avec de la liqueur et un biscuit : ......*Kate*...... .

1 Ils sont évanouis sur le sable : .... et ....

2 Ils courent avertir leurs camarades à Deception bay :
.... et ....

3 Il est agressé par un jaguar : ....

4 Il a détaché le Sloughi au port d'Auckland : ....

5 Il monte dans la nacelle du Géant des airs : ....

6 Il fume la pipe : ....

7 Il s'est enfui dans la forêt : ....

Vocabulaire

2 **Résous les anagrammes et complète les phrases.**

Waltson et ses hommes sont des AEUFARMSLIT
....*malfaiteurs*.... .

1 Les hommes du Severn ont établi leur MAMEEPCNT
.... à l'ouest du lac

2 Briant observe l'horizon avec une ELETNUT
.... dans une LNECEAL ....

3 Evans raconte que les hommes ont trouvé un CFRE-
NOVLTA ....

4 Au large il y a un COVLNA .... ou peut-être
un ILARGCE ....

Vocabulaire

3 **Que va-t-il se passer dans le dernier chapitre ? Lis les définitions, fais les mots croisés et complète la phrase avec le mot manquant.**

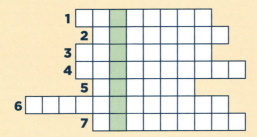

1 Il a causé le naufrage du Severn.

2 Les vêtements du master le sont.

3 Celui du Severn comptait huit hommes.

4 Synonyme de coup de feu.

5 Celles qui s'étendent à l'est sont larges.

6 Les enfants pardonnent celle de Jacques.

7 Ce que veulent les hommes du Severn en plus des outils.

Doniphan va être victime d'un coup de _ _ _ _ _ _ _ dans la poitrine.

Chapitre 6

Épilogue

▶ 7 Du 27 au 30 novembre, il ne se passe rien. Peut-être que Waltson va employer la ruse* au lieu de la force pour pénétrer dans French Den. Une idée que Briant partage avec Gordon, Doniphan et Baxter.

Le lendemain, la matinée s'écoule sans incident. Mais, dans la soirée, un peu avant le coucher du soleil, il y a une alerte. Webb et Cross qui montent la garde sur la falaise viennent de redescendre à toute vitesse. Deux hommes approchent, l'un du côté du lac, l'autre du côté du rio. Kate et Evans, pour ne pas être reconnus, courent se cacher dans Store room. Ils observent tout par les petites fenêtres. Ce sont Rock et Forbes.

— Ils vont se présenter ici comme des marins qui viennent de faire naufrage, avance Evans.

— Que faire ? demande Briant.

— Les accueillir, mais ils ne doivent pas comprendre que nous sommes ici, répond Evans.

ruse stratagème pour tromper quelqu'un

Quelques instants après, Gordon, Briant et Doniphan et Baxter courent vers les deux hommes qui font semblant d'être surpris en les voyant. Les enfants en font autant.

– Qui êtes-vous ? demande Gordon.

– Deux naufragés qui viennent de se perdre au sud de l'île avec la chaloupe du Severn, répond Rock.

– Vous êtes anglais ? continue Baxter. Où sont vos compagnons ?

– Non Américains, dit Forbes, nos compagnons sont tous morts. Et vous ? Qui êtes-vous ?

– Les colons de l'île Chairman. Vous êtes les bienvenus, ajoute Gordon.

Waltson n'a pas eu le choix et a envoyé Rock même si sa figure n'inspire pas confiance : une vraie tête de bandit avec un front étroit, un crâne élargi par-derrière et sa mâchoire inférieure très prononcée. Forbes présente un peu mieux et d'après Kate il y a encore un petit sentiment d'humanité en lui.

Les deux demandent à passer la nuit à French Den et les enfants les y accompagnent. Ils observent tout et remarquent avec surprise que les enfants ont beaucoup de matériel défensif. Ils demandent à aller se coucher, ils raconteront le récit de leurs aventures le lendemain. Une fois dans Store room, ils examinent l'intérieur et voient la porte qui donne sur le rio. Ils s'allongent dans un coin mais ils ne sont pas seuls, Moko dort lui aussi dans la pièce. Pas de problème, ils l'étrangleront* en un clin d'œil.

À l'heure convenue, Rock et Forbes doivent ouvrir la porte pour laisser entrer leurs quatre autres compagnons. De cette façon, ils deviendront les maîtres de French Den ! Mais Moko est là, prêt à donner l'alerte.

Briant et les autres sont dans le hall où Kate et Evans les rejoignent après avoir fermé la porte du couloir. Tout se passe comme prévu, Waltson n'est pas loin et il vaut mieux rester sur ses gardes.

Deux heures après, Moko entend un léger bruit. Il voit Rock et Forbes ramper vers la porte qui est bloquée par de grosses pierres et une barre. Ils commencent à enlever les pierres et en

étrangleront étoufferont en serrant le cou

quelques minutes ils libèrent la porte. Mais au moment où Rock enlève la barre, il sent une main sur son épaule. Il se retourne et reconnaît Evans.

– À nous les garçons ! crie le master.

Briant et ses camarades se précipitent et se jettent sur Forbes qui ne peut plus s'échapper. Quant à Rock, il repousse Evans avec un couteau et s'élance dehors. Mais on entend une détonation, le master vient de tirer sur Rock qui se sauve en courant. Peut-être est-il blessé… On ligote* Forbes et on l'enferme dans un coin du couloir puis on referme la porte.

Le lendemain, tout est calme mais Evans remarque des empreintes de pas devant la caverne, signe que Waltson et ses compagnons étaient bien là dans la nuit. Mais où sont-ils maintenant ? Vers deux heures de l'après-midi, Evans et les garçons vont faire un tour quand Phann tombe sur une piste, les traces sont récentes. Voilà qu'une détonation éclate et une balle effleure* la tête de Briant et va s'incruster dans un arbre. Puis on entend un cri, Doniphan vient de tuer Pike.

ligote lie avec des cordes   **effleure** touche à peine

– Les autres ne peuvent pas être loin, observe Baxter.

– À genoux ! crie Evans quand une balle effleure la tête de Service.

– Où est Briant ? s'écrie Garnett.

– Je ne le vois plus ! répond Wilcox.

– Briant ! Briant ! crie Doniphan.

– Attention master ! hurle Cross.

Evans baisse la tête et une balle passe juste au-dessus. Il voit cependant Rock s'enfuir dans le bois et lui tire dessus. Les aboiements et les cris de Doniphan font accourir tout le monde. Briant se bat avec Cope, Doniphan veut l'aider mais Cope lui plante son couteau en pleine poitrine. Doniphan tombe, sans pousser un cri, les yeux fermés, blanc comme la cire⋆.

– Faisons une civière avec des branches et transportons-le à French Den, dit Gordon.

Ils sont presque arrivés quand ils entendent des cris. Waltson, Brandt et Book ont attaqué French Den pendant que Rock, Cope et Pike s'occupaient d'Evans et des garçons.

cire matériau utilisé pour faire des bougies

Quand Gordon, Briant, Service et Wilcox
arrivent, ils voient Waltson entraîner Jacques vers
le rio. Kate essaie de l'arrêter. Brandt a pris Costar
mais où sont les autres ? Sont-ils morts ?

Phann se jette sur Brandt et le tient à la gorge.
Soudain Forbes s'élance sur Waltson qui est obligé
de lâcher Jacques. Waltson réussit à tuer Forbes
d'un coup de couteau. Il tombe à ses pieds… lui qui
vient de risquer sa vie pour ces enfants. Aussitôt,
Jacques, armé d'un revolver, blesse Waltson qui
réussit à se traîner vers la barque du Sloughi. C'est
alors que Moko tire un coup de canon. Voilà les
misérables emportés par le courant du rio.

L'île Chairman est de nouveau en sécurité
et Kate s'occupe de Doniphan avec amour. Les
garçons et Evans partent à la recherche de Cope
et de Rock. Ils retrouvent leurs cadavres dans la
forêt. Maintenant la colonie n'a vraiment plus
rien à craindre !

Il faut réparer la chaloupe du Severn et le 6
décembre, grâce à la barque du Sloughi on arrive
à la remorquer à proximité de French Den pour

faciliter les réparations. De là, il suffira ensuite de remonter le rio jusqu'à Sloughi bay et de prendre la mer.

Les travaux sont longs mais finalement, le 5 février, tout est prêt et les enfants saluent cette caverne où ils ont vécu pendant deux ans. Le voyage se passe sans incident et le 13, ils aperçoivent un navire, le Grafton. Le capitaine Tom Long les accueille à bord et les ramène à Auckland.

Toute la population accourt pour les acclamer et les enfants retrouvent leurs parents. Tous veulent connaître en détail tout ce qui s'est passé sur l'île Chairman !

Doniphan est très fier de donner des conférences sur le sujet. Le journal de French Den que Baxter a tenu avec précision est imprimé et il faut des milliers et des milliers d'exemplaires pour contenter les lecteurs de la Nouvelle-Zélande. Enfin, les journaux le traduisent dans toutes les langues car la catastrophe du Sloughi intéresse vraiment tout le monde ! On admire la prudence de Gordon, le dévouement de Briant, l'intrépidité de Doniphan, la résignation de tous, grands et petits.

Pour récompenser Evans, on lui donne un navire de commerce dont il devient le propriétaire et le capitaine. Quant à Kate, toutes les familles des petits naufragés veulent la prendre à son service ! Finalement, elle s'installe chez Doniphan auquel elle a sauvé la vie.

Voilà ce qu'il faut retenir de ce récit. Jamais, sans doute, les élèves d'un pensionnat ne passeront leurs vacances dans de telles conditions. Mais tous les enfants doivent savoir qu'avec de l'ordre, du zèle, du courage, on peut affronter toutes les situations, même les plus dangereuses.

Les jeunes naufragés du Sloughi ont mûri dans les épreuves et on fait le dur apprentissage de la vie : à leur retour, les petits sont devenus grands et les grands presque des hommes.

Compréhension

1 **Complète les phrases de façon claire et articulée en utilisant tous les éléments disponibles dans le texte.**

Webb et Cross descendent à toute vitesse de la falaise car... *ils voient deux hommes s'approcher de French Den.*

1 Rock et Forbes font croire aux enfants que...........................
.... et que
....

2 Moko donne l'alerte quand...
pour ....

3 Il faut faire une civière avec des branches parce que Cope...
....

4 L'île Chairman n'est en sécurité que quand..........................
......................., ..., ...
et ....

5 Après la réparation de la chaloupe.................................
....

6 Pour raconter en détail ces deux ans de vacances.............
.... et
....

Vocabulaire

2 **Quel temps fait-il ? Utilise tous les mots que tu as trouvés ici et là dans le livre pour décrire les quatre saisons.**

En hiver, ...
Au printemps, ...
En été, ...
En automne, ...

Delf – Production écrite

3 **Écris un article de journal sur les mésaventures qu'ont vécu les jeunes naufragés du Sloughi.**

Grammaire

4 **Conjugue les verbes à l'imparfait.**

J' (être) .....*étais*..... blanc comme cire.

1 Briant (ne pas savoir) .... quoi faire.

2 Les deux hommes (faire) .... semblant de ne pas les connaître.

3 Moko (aller) .... se coucher dans Store Room pour surveiller les hommes.

4 Si les hommes (réussir) .... à ouvrir la porte, ce serait la fin !

5 Nous (manger) .... des biscuits et vous (boire) .... du brandy.

6 Les enfants (partager) .... la même idée.

7 Doniphan (pousser) .... des cris de douleur.

8 Les journaux (traduire) .... le journal de French Den dans toutes les langues.

9 Ils (connaître) .... maintenant les détails de cette aventure.

10 Wilcox (ne pas voir) .... Briant qui (se battre) .... avec Cope.

Jules Verne

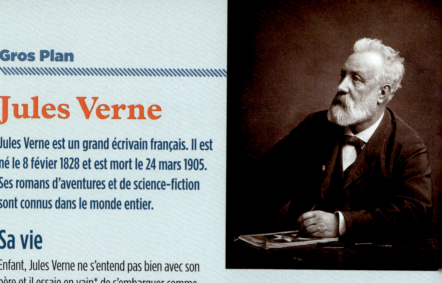

Jules Verne est un grand écrivain français. Il est né le 8 février 1828 et est mort le 24 mars 1905. Ses romans d'aventures et de science-fiction sont connus dans le monde entier.

Sa vie

Enfant, Jules Verne ne s'entend pas bien avec son père et il essaie en vain* de s'embarquer comme mousse à l'âge de 11 ans sur un bateau qui part pour les Indes. Les découvertes scientifiques le passionnent énormément, tout comme la découverte des terres inconnues. Ce sont des aspects très présents dans ses œuvres.

Son œuvre

Jules Verne a publié 64 romans et son fils Michel Verne s'est occupé de la publication d'autres manuscrits que son père n'avait pas eu le temps de publier de son vivant. Une œuvre vraiment considérable et hors du commun*. Verne est un homme qui a beaucoup d'imagination et ses histoires fascinent les lecteurs depuis des générations. On le considère l'inventeur de la science-fiction. Il a aussi écrit de nombreuses pièces de théâtre et poésies.

Ses œuvres les plus célèbres

- *Cinq semaines en ballon* (1863)
- *Voyage au centre de la Terre* (1864)
- *Vingt mille lieues sous les mers* (1870)
- *Le Tour du monde en quatre-vingts jours* (1873)
- *Deux ans de vacances* (1888)

en vain c'est-à-dire qu'il n'y parvient pas   **hors du commun** originale

Le Centre International Jules Verne

Ce centre se trouve à Amiens, dans le nord de la France, où Jules Verne a vécu. Il a été créé en 1972 et on y trouve plus de 20 000 documents sur Jules Verne. Il s'occupe de la *Revue de Jules Verne* où sont publiés des articles littéraires, scientifiques et artistiques. Le centre organise aussi des manifestations, des expositions et des visites à la maison de Jules Verne.

Dans cette maison, il y a un musée qui raconte la vie de l'auteur : on y trouve 700 livres et objets qui lui ont appartenu.

Pour en savoir plus : **www.jules-verne.net**

Curiosité

Jules Verne a fait construire deux bateaux et en a même acheté un troisième pour faire quatre grandes croisières dans la Mer du Nord et en Méditerranée.

Activités

1 *Cinq semaines en ballon* marque le début d'une série de 64 romans d'aventures. Comment appelle-t-on cette série ? Découvre-le grâce au code secret.

A = ●   G = ◆   O = ✖   T = ✿   Y = ✻
D = ✔   I = ✪   R = ♥   V = ▼
E = ✤   N = ▲   S = ■   X = ❭

▼ ✖ ✻ ● ◆ ✤ ■   ✤ ❭ ✿ ♥ ● ✖ ♥ ✔ ✪ ▲ ● ✪ ♥ ✤ ■

_ _ _ _ _ _ _   _ _ _ _ _ _ _ _ _ _ _ _ _ _ _ _

2 Complète la citation de Jules Verne correctement.

désert • vie • homme • mer • seul

La .... est un immense .... où ....
n'est jamais .... car il sent frémir la ....
à ses côtés.

La Marine française

La Marine française voit le jour en 1626, sous le règne de Louis XIII. Elle fait partie des Forces armées françaises avec l'Armée de terre, l'Armée de l'air et la Gendarmerie nationale.

La Marine nationale contrôle l'espace maritime dans ses trois dimensions : sous la mer, sur la mer et au-dessus de la mer. Son objectif est de préserver* la paix et de défendre les intérêts des Français.

MARINE NATIONALE

Le Belém

Le Belém est un Trois-mâts et c'est le dernier des grands voiliers de commerce français du dix-huitième siècle. C'est aujourd'hui un navire école. Son équipage est formé de 16 hommes et il peut accueillir 46 stagiaires. Le Belém participe aux grands rassemblements* de voiliers. Il est classé monument historique depuis 1984. On dit que « *Le Belém est un musée. Mieux, un musée vivant, puisqu'il navigue. Mieux encore, un musée où l'on apprend la vie.* »

préserver maintenir

rassemblements manifestations où plusieurs voiliers se rencontrent

74

L'école navale

Elle se trouve à Brest, en Bretagne, et elle a été créée en 1830. Les hommes et les femmes qui choisissent cette carrière partagent des valeurs importantes comme la solidarité, l'esprit d'équipe, le sens des responsabilités... ils doivent être prêts à affronter tous les dangers en toute circonstance et cela nécessite une bonne préparation. Il existe différentes formations : métiers de l'armement, de la navigation, de la protection et de la sécurité....

L'uniforme du marin

Le matelot de la Marine nationale porte un tricot rayé, une vareuse* et un bonnet à pompon qui s'appelle le Bachi. Sur le ruban qui l'entoure, on lit le nom du navire en lettres d'or. Le pompon rouge était important car il permettait de repérer le marin tombé à la mer ! En France, toucher le pompon d'un bonnet de marin porte chance parce qu'on estime* que le marin doit être courageux pour affronter les dangers de la mer... mais quelquefois cela ne suffit pas et il faut avoir aussi un peu de chance !

Curiosité
Pas de lapins à bord !

Les marins appellent les lapins « les bêtes aux longues oreilles » et ils ne peuvent pas monter à bord car autrefois, quand cela leur était permis, ils rongeaient* les cordages et exposaient les navires au danger. On leur a attribué de nombreux naufrages !

Activité

Quelle est selon toi la devise de la marine française ?

A Toujours fidèles

B Honneur, Patrie, Valeur, Discipline

C Pour la patrie, l'honneur et le droit

vareuse veste
on estime on pense

rongeaient grignotaient, mangeaient

Les plus grands aquariums de France

Les Français aiment la mer et les animaux marins et ceux qui ne peuvent pas aller observer ces animaux dans leur espace naturel peuvent visiter les grands aquariums et centres marins en France.

Étaples : Maréis

À Étaples, on enseigne aux visiteurs de Maréis les ficelles du métier de pêcheur : comment se comporter à bord d'un chalutier*, apprendre à faire des nœuds marins et comprendre comment le poisson arrive dans nos assiettes. C'est aussi une bonne occasion pour connaître les espèces qui nagent dans la Manche et dans la Mer du Nord.

Boulogne-sur-Mer : Nausicaa

La mission de Nausicaa est de sensibiliser les visiteurs au développement durable en matière d'océans. Ici on trouve toute l'actualité de la mer ! Il y a plusieurs secteurs : l'aquarium des requins, le lagon* tropical, la forêt immergée, la plage des manchots... et l'océan mondial ! Cet océan est formé des cinq océans de la planète et on le visite en compagnie des baleines.

Prêts pour un petit tête à tête?

Aquarium de Paris

Paris : Cineaqua

Situé en plein cœur de Paris, Cineaqua est très attentif au monde des requins, des animaux qui suscitent à la fois la peur et la fascination chez les visiteurs. L'aquarium accueille des requins marteaux qui sont aujourd'hui en danger. On sensibilise les adultes grâce à des conférences sur ces animaux en voie d'extinction mais on organise des animations ludiques* pour les enfants.

chalutier bateau de pêche
lagon étendue d'eau séparée de la mer par un massif corallien

ludiques basées sur le jeu

76

VENEZ DÉCOUVRIR
LES OCÉANS
Océanopolis
www.oceanopolis.com Brest

Monaco : Musée océanographique

En 1906, le Prince Albert 1er de Monaco a créé l'Institut océanographique qui s'appuie sur ce musée où une salle est consacrée à ce grand navigateur qui a conduit 28 campagnes scientifiques. Cent bassins accueillent des poissons tropicaux en tout genre, très colorés. C'est ici que l'on a commencé pour la première fois à cultiver les coraux. Le principe est simple : on colle des fragments de coraux sur un fil en nylon et les coraux se multiplient.

Brest : Océanopolis

C'est le site touristique le plus fréquenté de la Bretagne ! Son centre de soins accueille 700 phoques. Beaucoup de phoques échouent sur les plages bretonnes. Ici, vous pouvez plonger* et danser avec eux au milieu des algues... tout cela dans le respect de l'écosystème !

Musée
océanographique
de Monaco

Cet aquarium a été élu le plus bel aquarium de France. Ce centre s'occupe en particulier des tortues marines qui sont à risque d'extinction. Il les recueille et les soigne avant de les relâcher*. Où se trouve cet aquarium ? Cherche 20 mots dans la grille et associe les lettres restantes pour le savoir.

T	O	R	T	U	E	S	S	O	I	N	S
A	V	T	R	O	P	I	C	A	U	X	L
A	O	M	E	P	H	O	Q	U	E	S	P
M	I	E	Q	L	A	G	O	N	C	R	O
A	E	R	U	A	P	E	U	R	O	D	I
N	A	V	I	G	A	T	E	U	R	A	S
C	O	C	N	E	H	O	C	E	A	N	S
H	B	A	S	S	I	N	S	E	U	G	O
O	B	A	L	E	I	N	E	S	X	E	N
T	L	C	H	A	L	U	T	I	E	R	S
S	A	Q	U	A	R	I	U	M	S	L	E

Il se trouve _ _ _ _ _ _ _ _ _ _ _ _

plonger s'immerger   relâcher libérer

Compréhension

Coche la bonne réponse.

		V	F
	L'île Chairman se trouve dans l'océan Indien.	☐	☑
1	Les enfants se retrouvent sur l'île car une montagne d'eau soulève le Sloughi.	☐	☐
2	Ces enfants sont tous des citoyens américains.	☐	☐
3	Doniphan fait une expédition sur le promontoire et découvre qu'ils sont sur une île déserte.	☐	☐
4	Deux indices montrent que l'île a été habitée : des pierres plates et une espèce de digue sur le rio.	☐	☐
5	Ils utilisent le canot en caoutchouc pour transporter les restes du Sloughi dans la caverne.	☐	☐
6	Baxter capture des vigognes et un guanaque au lasso.	☐	☐
7	Le jour de Noël les enfants mettent leurs plus beaux habits et Moko prépare un festin.	☐	☐
8	Doniphan remonte ses manches et se bat pendant la partie de cricket.	☐	☐
9	Gordon va avertir Doniphan et les autres qu'ils sont en danger à cause du jaguar.	☐	☐
10	Briant se retrouve dans le lac parce que le Géant des airs casse.	☐	☐
11	Les malfaiteurs veulent tuer les enfants pour prendre leurs outils et leurs provisions.	☐	☐
12	Le master Evans épouse Kate et ils s'installent à Auckland.	☐	☐

Contenus

///

Vocabulaire
Le milieu naturel
La navigation
Les matières scolaires
Le temps atmosphérique

Grammaire
Le présent de l'indicatif
Le passé composé
L'imparfait de l'indicatif
L'adjectif qualificatif
Les pronoms personnels réfléchis

Lectures ЭЛ Juniors